AF389777

ALORS, C'EST ÇA L'AMOUR !

Du même auteur:

Essai : Le Pouvoir de l'Art sur la Conscience

ISBN : 978-2-9582324-0-5

Roman : Tu seras une femme, maman

ISBN : 978-2-9582324-1-2

Poésie : 44 Poèmes inspirés par Madame Bovary
ISBN : 978-2-9582324-4-3

ALORS, C'EST ÇA L'AMOUR !

DEAN ILDEFONSE

ALORS, C'EST ÇA L'AMOUR !

Poèmes composés sur l'île de Bali
par Dean ILDEFONSE en Mars - Avril 2021

Édition & couverture
Dean ILDEFONSE

ISBN : 978-2-9582324-2-9

SOMMAIRE

À Lou et Éva

Et à toutes les personnes qui ne croient plus en la magie de l'Amour. Il existe une étincelle en nous qui est éternelle.

LAISSEZ-MOI SEUL, JE TOMBE AMOUREUX

LE PIRE

Amour, dis-moi quelle est la pire des
choses : le vide.
Vide, dis-moi quelle est la pire des
choses : l'amour.
L'amour ne cherche qu'à nous remplir.
Le vide, de rester vide.
Seul ou juste après une rupture, notre
souffrance court.
Nous sommes perdus,
Nous mourons sans réellement mourir.

L'ABSTINENCE

Sage est celui
qui accepte l'idée de solitude.
Sage est celui
qui cherche à comprendre ce qu'est l'Amour.
Que veut-il ?
À quoi ressemblera ma divine ?
Que me dira-t-elle ?
Que lui dirai-je ?
Aimera-t-elle l'œuvre de Botticelli ?
Aimera-t-elle l'œuvre de Tchaïkovski ?

LE VIDE

Gris est le ciel
Gris est mon humeur
Je marche seul
Je voyage seul
Je mange seul
Le vide nourrit mes nuits, mes jours
Le vide m'enseigne l'observation
sans amour
Le vide est mon meilleur ami

L'INCONNU

L'expérience de la solitude ?
Superbe !
Cela fait peur mais c'est superbe.
On ne sait pas si tout va bien se passer.
Mais nous y croyons
pour le meilleur ou pour le pire.

LA QUÊTE SPIRITUELLE

L'ouverture d'esprit en amour
est un trésor
cela nous permet de vivre plus léger
nous semons de la bonne énergie
et nous espérons récolter en retour
une fleur gorgée de lumière
et pleine de vie

LA QUÊTE PHYSIQUE

Je peine à décrire mon amour parfait.
Je dessine au crayon son visage,
ses cheveux, ses yeux.
Je lui parle de sa bouche,
de la beauté de sa bouche.
J'écoute la mélodie de son cœur.
Je caresse ses sentiments,
épris de douceur.

LE SON

Le son du violon cache-t-il
un amour si bon ?
Le son du piano cache-t-il
mon amour si beau ?
Est-elle ballerine
avec une belle poitrine ?
Entendrai-je le son des sirènes
sans peine ?
Probablement que oui mon ami !

LA PROMESSE

J'ai offert mon âme à l'univers.
Il en fait ce qu'il préfère.
Il connaît mes goûts, mes couleurs,
avec lui j'avance sans peur.
S'il vente dans mon cœur,
alors qu'il vente.
S'il pleut dans mes yeux,
alors tant mieux.
Je choisis de suivre ses conseils,
il est le grand tout et moi je ne suis rien.

ENCORE DU VIDE

La vie sans amour se prolonge
Rien n'a bougé
J'ai refusé toute proposition allongée
La solitude continue, elle me ronge
Ma foi est plus forte que tout
Même si mon petit moi
devient un peu fou

LA FOI

La foi est un concept mystique
Nous devons croire en quelque chose
jusqu'à ce que cela devienne physique
Sans aucune idée ni dans l'espace
ni dans le temps
On doit croire que l'on vit toujours
au doux printemps
même dans la dureté d'un hiver
sans tendresse, sans amour
et sans pause

L'IMAGE

Je l'ai d'abord dessiné invisible
puis j'ai ajouté un poème
de Shakespeare pour son sourire
un air de Chopin pour ses reins
une ligne de Molière pour ses paupières
un vers de Montesquieu pour ses yeux

LE JEU

Je rêve d'un amour au goût de rose
Une flamme belle et brillante dans la nuit
Une jolie vague de Nusa Dua
Agréable à l'œil
comme l'éclosion d'un camélia
Le jeu de patience prend tout son sens
ici rien ne se perd tout est à refaire

LE DÉSIR

Chaque nuit j'ai le désir
pour une belle inconnue.
Je la cherche même à mon réveil.
J'ai le regard inquiet.
Ai-je perdu un être cher ?
Une partie de mon cœur me demande :
Où est-elle notre tendre ?
Quand va-t-elle arriver ?
Sans réponse,
je dois pourtant le rassurer
Bientôt, petit cœur, bientôt …

LA PEUR

Ennemi numéro un de l'amour
sans détour, je nomme la peur,
pire, la panique.
Elle peut détruire toutes mes projections,
tout ce dont je désire.
Elle bloque mon souffle, mon expression,
ma sensibilité, ma bonne humeur.
La peur en amour
est ouragan de violence.
Elle n'épargne personne.
Fuir la peur,
c'est se rapprocher de l'amour.
C'est presque le toucher du doigt.

LA CONFIANCE

L'hiver émotionnel vient de s'achever.
La promesse d'un doux printemps
se glisse sous mes draps, dans l'air,
dans la beauté des couleurs,
dans la légèreté de mon sourire.
La froideur a enfin laissé sa place
et c'est le cœur chaud
que j'accueille des jours bleus,
des jours meilleurs.

LA VISUALISATION

La sensation de cet amour si convoité
se manifeste de plus en plus,
dans mes rêves, mes rencontres,
mes discussions.
Les livres aussi en parlent de cette belle,
merveilleuse créature.
Je commence à l'imaginer, près de moi,
chuchotant mon prénom.
Je la couve de mon regard amoureux.
Elle me suggère une promenade
romantique.

L'ATTENTE

Je lis mes messages,
toujours rien à l'horizon.
Si, quelques nuages qui s'étirent.
La plage devient mon aimée,
je me roule dans son sable.
C'est si peu !
Seminyak peine à me rendre heureux.
la musique habille mon esprit fait fuir ma
mélancolie.

L'AMOUR ET LE DESTIN

LE SON DES VAGUES

Le son des vagues nous murmure la
Vérité sur l'impermanence des choses,
Sur les cycles récurrents.
Dans la mer,
aucune vague n'est la même,
cependant, elle glisse sur nous,
toujours l'une après l'autre,
indéfiniment.

LE VOYAGE

Océan Atlantique
Océan pacifique
Océan indien
Des océans Je n'ai point peur
Mon amour où que tu sois
Je te chercherai, je te trouverai
Je persisterai
Je viens à ta rencontre

CIEL BLEU

Tu apaises mes pensées.
Tu colores mon doux regard.
Plus je te vois,
plus je suis amoureux et aux abois.

LIBÈRE-TOI

Que se passe-t-il
lorsque l'on rejette la pauvreté en
amour ?
Une merveilleuse destinée peut être ?

C'EST DANS L'AIR

Respirer l'amour
Respirer la joie
Je deviens ma respiration.

CHANTE HAUT ET FORT

Est-ce que ma douce
entend mes appels ?
Si oui, ne soit pas timide.
Reste belle, chante pour toi-même,
aime-toi toi-même.
Arrivera jusqu'à moi
la mélodie de ton cœur.

LAGON SOLITAIRE

Ô bel amour
Ô belle sensation
Tout est beau autour de moi
Amour, tu ne pourras plus m'éviter
Je me rapproche de toi

MÉRITE

Univers toi qui dirige ma destinée.
Univers toi qui détient toutes mes clefs.
Je me résigne à fuir encore.
J'essaye de faire face et d'être fort.
Donne-moi un signe,
un indice mon amour
Pour que vers toi je coure
Je t'en prie, montre-moi le chemin.
Je le suivrai sans peur
et sans arme à la main.

SANS LIMITE

Certains gourous disent que nous
sommes sans limite,
que nous pouvons recevoir
tout ce que nous demandons.
Mais dans la réalité,
comment cela peut-il exister ?
Que se passerait-il si j'essayais d'être
sans limite en amour ?
Essaye ! Dit l'Univers et tu verras…

LE JOUR

Je ressens quelque chose de différent.
Ma lumière intérieure devient extérieure.
Je ne me sens plus seul.
Je suis joyeux.
Être amoureux signifie...
Être en contact avec l'amour.
Je suis d'accord. Je veux être en contact !
C'est décidé je sors,
Je veux rencontrer l'amour !

RÉCOMPENSE

La pensée positive régulière porte ses
fruits.
Soyons patients, notre jour se réalisera.
Peu importe le chemin emprunté,
quelque chose va se passer.
Je recevrai une réponse,
Qu'elle soit bonne ou mauvaise.
J'ai suivi mon destin,
supprimé mes peines
quand j'ai quitté Bali.
J'ai fait face à mes phobies,
guidé par l'Univers et ses nus indices.
Cent jours plus loin, j'ai eu un contact
divin,
un samedi soir, peut-être pour toujours…
Si, je l'ai fait… Toi, tu peux le faire aussi !
Cours, pour ta bellissima.
Et surtout, ne te retourne pas.

LE SILENCE EST D'OR

VISAGE

À la vue de son visage
toute mon existence s'est arrêtée
En deux ou trois secondes
une paix intérieure a fait son nid dans
mon cœur
ouvrant par la même occasion
un bouquet de questions

DOUCEUR

La douceur de son regard
n'a d'égal que la douceur de ses
caresses.
Du bleu azur de ses yeux qu'elle plonge
en moi, son amour.
Ah ! Par Zeus !
Qu'elle me fait fondre !

ABSENCE

Le pire dans l'absence d'amour,
ce n'est pas son absence,
mais plutôt le doute que l'on se crée
qui nous fait croire
que plus rien n'est possible.

PRÉVISION

Sentir l'amour
avant qu'il ne nous effleure
est une activité qui me fait peur.
Néanmoins, j'ai toujours cette volonté,
la sensation que l'idéal va se réaliser.
Je la sens très forte une seconde
et je doute durant trois années,
au revoir ma blonde.

AVENTURE

L'amour est une aventure
que l'on pratique sans carte
ni boussole.

ÉCOUTER

J'ai tellement envie d'aimer,
que je suis prêt à devenir muet,
à me nourrir que de sa vue,
que de sa tendresse.

LA MAGIE "A"

C'est fou comme une sensation d'amour
peut changer le cours de notre existence,
de notre physiologie, et nous plonger
à Jamais dans l'ultime joie de vivre.

"ELLE"

Tout ce qu'elle fait,
est être "elle".
Ce que j'aime,
c'est "elle".
Quand j'ai un manque,
ça vient d'"elle".

"NOUS"

J'ai enfin ce visage enfantin,
cette satisfaction dans mon expression.
Elle n'est plus si rude
cette idée de solitude.
Lorsqu'elle parle, elle dit "nous".

JE T'AIME

Être sûr de ses sentiments,
c'est sentir cette liberté
qui apaise notre cœur.
Telle une grosse vague qui est passée
qui a emporté tous les déchets.
À présent la plage est propre,
resplendissante.
De cette liberté sans peur qui me hante,
je lui dis dans le creux de son oreille
"Je t'aime".

ADDICT

Impossible de s'en passer.
Sa présence pour ma vie c'est la clé.
Son amour, timide, me caresse,
Fini cette solitude qui me blesse.
Cela en est fait de moi,
Je suis Addict de toi.

L'EFFET AMOUR

Toutes les grandes voiles sont déployées.
Les nœuds sont rapides et paniqués.
Quelle peut être cette sensation ?
Celle de dominer les mers,
les beaux poissons.
La vision est infinie.
Les destinations aussi.

LES MOTS (ne suffisent plus)

Je t'aime tellement fort,
que lorsque je te dis "je t'aime",
j'ai honte de moi, car en réalité,
aucun mot ne peut décrire l'immensité
de mes sentiments pour toi.

JOUIR (de chaque instant)

Attendre la jouissance,
c'est comme espérer le Graal.
Beaucoup ont essayé,
mais peu y sont arrivés.
Ferai-je partie de ses "peu" ?

MON TRÉSOR

Pour un alchimiste,
la transformation est un but,
le but ultime.
Pour un artiste,
aimer quelqu'un plus fort que lui,
est la plus belle des alchimies.

FLEUR

Je ne t'ai pas cueilli.
Je ne le ferai jamais.
Je t'admire.
Je te contemple.
Je te sens.
Pour toujours,
je serai ton admirateur,
pour toujours avec toi,
je souris ...

OURAGAN (émotionnel)

Ô prudence, gentil cœur,
Par pitié, tempère ton bonheur,
ne brûle pas toutes tes réserves d'amour.
Elle t'aime,
ce n'est pas un rêve.
Observes et apprends,
ne te laisse pas emporter
par cet ouragan.

AHAM PREMA : JE SUIS AMOUR DIVIN

AMOUR BRÛLANT

Ah !
Mon cœur est en feu,
Tout entier, mon corps est en feu,
je brûle d'amour,
telle la planète Vénus,
Toute de feu composée.

NIRVANA

J'entends seulement ce qui me libère.
Hahaha !
Divine muse mon nirvana.
J'admire ton bleu iris,
ta chevelure légère de lumière.
Le nirvana m'emporte jusqu'à Céphée
ou Polaris.
Divine muse ?
Puisses-tu m'embrasser tendrement,
une fois de plus?
Humm ! Divine muse ! Humm !

DÉESSE DE L'AMOUR

Tu rends tout possible
Tu transformes la poussière en bague de
diamant
Tu embrasses un oiseau et il devient un
chevalier
Tu me regardes une seconde
Je tombe amoureux pour l'éternité

LE PUR

Que se passe-t-il lorsque l'amour est
pur ?
Amoureuse et amoureux
se métamorphosent,
devenant ainsi une source de vie pure.

Que se passe-t-il lorsque l'amour est
pur ?

PAS MOI

Pour elle, je n'existe plus.
Je suis elle, elle est moi !

VILLAGE

Aussi loin que se dessine mon souvenir,
l'humanité est née dans un village.
La promiscuité n'existait pas encore.
La nature et l'amour étaient pour toutes
et tous.
La question alors se pose :
Qu'y a -t-il de plus envieux
qu'un petit village pour tomber
amoureux ?

AUJOURD'HUI

Celle que je nomme ma destinée me suit
pour une verte marche.
Main dans la main tels des enfants,
heureux d'être ensemble,
heureux de respirer ensemble.
Rapide clin d'œil au ciel bleu nuit,
Un bouquet d'étoiles brille pour nous
et nos rêves les plus fous.

L'ARBRE

Ici m'est venue ma première sensation
d'amour,
sous cet arbre immense et fort.
Ma majesté, mon cœur,
s'il te plaît suis moi.
Viens et regarde mon image paternelle.
C'est cet arbre le magnifique,
que j'appelais "le Poilu".
Sous ses "cheveux" tout m'était possible,
sous ses "cheveux" je n'étais jamais seul,
sous ses "cheveux" j'ai toujours été
protégé.

MON CHEMIN, MON CALME

De mes heures méditatives,
je me suis senti incroyable, connecté,
déconnecté et même dématérialisé.
Mais d'où peut bien venir ce calme
intérieur ?
Est-ce toi, ma bien-aimée, ta présence ?
Pourquoi cette sensation de pure
douceur ?
Pourquoi m'assoupir si souvent en te
regardant ?
Ah ! Je suis perdu !
Peux-tu me retrouver ?

JUNGLE

Un matin suite à une nuit orageuse,
l'appel de la jungle a frappé.
Devrais-je y aller... Devrais-je rester ?
Depuis ma fenêtre,
défile la vie de paysan, si douce.
Il y a tellement de sourires
et de visages joyeux.
Au milieu d'un doux village,
Une Bansuri en bambou m'attendait,
Monsieur, Voici l'outil de votre amour !

LE FOU

Ô joli fou,
trop d'amour
et poussière de mort
tu deviendras,
Ne vois-tu pas que le feu te consume
Et te consumera.

DEUX DEVIENT UN

Deux âmes se rencontrent un jour.
Ils discutent de promenade, de poésie.
L'amour et le respect s'installent entre
les âmes.
Une caresse de toi et non à tort
Transforme une seule âme dans deux
corps.

REMPLI

J'ai le cœur rempli presque anobli.
Pourtant je ressens fort la solitude.
Règle ça pour moi,
règle ça pour nous.
La chaise en face de moi est toujours vide
sans trace de toi.

BEAUTÉ

Face à la beauté,
je suis aveuglé.
Face à la créativité,
je suis aveuglé.
Par le jour où tu as pénétré mon regard,
les couleurs ont commencé à apparaître
Le jour d'après, une belle peinture venait
à naître.

PHILOSOPHIE

Aimer avec tempérance
est ce que Socrate nous enseigne.
Dans l'envie dévorante,
j'ai glissé et agi trop vite.
Elle m'a demandé de ralentir.
J'ai accepté car cela venait d'elle,
et qu'elle est "mon amour".

NOUVELLE LUNE

Chaque jour avec toi, est mon Jour.
Chaque caresse est une ivresse.
Chaque baiser est mon souhait.
Chaque nuit renforce mon envie.
Chaque lune est une nouvelle lune.

ATTENDS-MOI

Tu parles d'amour,
tu es si sûr,
j'apprécie énormément.
J'ai besoin de temps pour grandir
avec toi.
Tes lettres impactent mon cœur
de la plus grande des valeurs,
Mais, mes inquiétudes sont ma solitude.
Vénérable amour, installe-toi,
pour toujours.

ÉPOUSE-MOI

Nous descendions les escaliers de pierre,
main dans la main,
lorsque les cloches de la cathédrale
Saint-Martin se sont mises à chanter.
Waouh !
Un frisson me parcourt tout le Corps.
N'est-ce pas la musique des mariés,
mon amour ?
Cela y ressemble Deanko,
cela y ressemble !

AMOUR MYSTIQUE

Mon amour pour toi est si profond,
que je suspecte quelque chose de
mystérieux là-dessous.
Peut-être qu'un amour mystique nous
attend ?
Toi gourou et moi gourou allons faire
l'amour dans le château cosmique !
Oui, je le veux !

APOTHÉOSE

Ce son de Bansuri est si intense.
Assis en lotus devant mon ange,
sa voix est si délicieuse.
Comment peux-tu chanter telle une
déesse ?
Mon amour, serré contre toi,
je pose ma Bansuri à côté.
Je te regarde dans les yeux.
J'embrasse ta lèvre supérieure.
J'embrasse ta main gauche.
Ça y est !
L'apothéose du plaisir est en moi, en toi.
Ne bouge surtout pas,
sens cette unité de "nous"
demeurer à jamais !

Dean ILDEFONSE est artiste et concepteur de l'Art Conscience. Ce livre est son premier ouvrage de poésie. Cette édition est traduite en Anglais et en Slovaque. Dean confesse être un poète romantique, rêveur qui désire favoriser la diffusion d'émotions amoureuses et de jeu de mots. Il pense que l'art, l'amour et la poésie doivent être partout et être consommés sans modération.

Il est aussi l'auteur d'un essai sur L'art Conscience et de son premier Roman TU SERAS UNE FEMME, MAMAN. Deux romans sont en cours d'écriture ainsi que d'autres recueils de poèmes.
Vous pouvez suivre son actualité sur www.deanildefonse.com

DÉCOUVREZ

«NOTRE RENDEZ-VOUS LECTURE»

Une lecture en musique à domicile ou en lieu de santé de poésie, roman, série à lire pour les personnes immobilisées, isolées ou seules.

Informations et contact :
dean@deanildefonse.com

ISBN: 978-2-9582324-2-9

Dépôt légal : Février 2022